PIANO · VOCAL · GUITAR

ANDREA BOCELLI

Sì

ISBN: 978-1-5400-4468-6

HAL•LEONARD®

Visit Hal Leonard Online at
www.halleonard.com

Contact us:
Hal Leonard
7777 West Bluemound Road
Milwaukee, WI 53213
Email: info@halleonard.com

In Europe, contact:
Hal Leonard Europe Limited
42 Wigmore Street
Marylebone, London, W1U 2RY
Email: info@halleonardeurope.com

In Australia, contact:
Hal Leonard Australia Pty. Ltd.
4 Lentara Court
Cheltenham, Victoria, 3192 Australia
Email: info@halleonard.com.au

IF ONLY

Italian/Mandarin Version

WORDS BY LUCIO QUARANTOTTO & SHRIDHAR SOLANKI
MUSIC BY MAURO MALAVASI & FRANCESCO SARTORI

Stai qui vicino a me
Quaggiù, quaggiù
Vedrai, vedrai, vedrai
Tu vali sì per me
Qualcosa più dell'oro
Qualcosa come un'alba
Che io aspetto.

If only we could turn back time
Back to the day we said goodbye
Maybe your heart would still be mine
My love, if only.

Jìrán ài ràng nǐ zhǎodào duì de wǒ　既然愛讓你找到對的我
Ài xiàqù rúcǐ zhēnqiè　愛下去如此真切
Qítā dōu wú suǒ qiú　其他都無所求
Zǎo jiù wú jù rènhé wéixiǎn　早就無懼任何危險
Zǎo jiù gāi yīqı wǎng qián zou　早就該一起往前走
Nǐ wǒ què fàngshǒu　你我卻放手

Rúguo néng ràng shíjiān zhé fǎn　如果能讓時間折返
Huí dào nèitiān wǒmen fēnkāi　回到那天我們分開
Wǒ huì gǎibiàn nàgè dá'àn　我會改變那個答案
My love, if only.

Ancora sì, la vita è
Sopra di noi, se sei con me.
Maybe your heart would still be mine
My love, if only.

Maybe your heart would still be mine
My love, if only.

Tu che muovi il mondo
Tu che soffi forte il vento
If only.

ALI DI LIBERTÀ

WORDS & MUSIC BY DAVIDE ESPOSITO

Recorded a semitone higher.

e sor-vo - la - re un ma - re a - per - to_____

ver - so un do - ma - ni an - co - ra in - cer - to._____

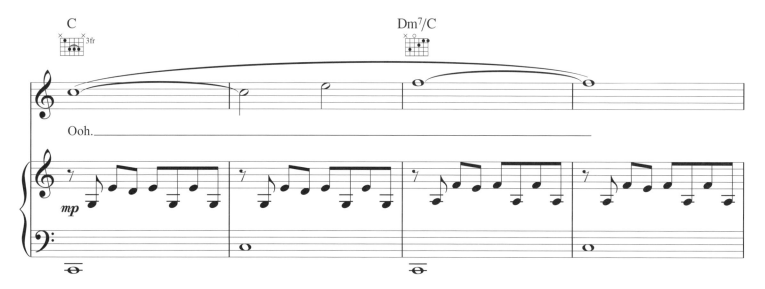

Ooh._____

AMO SOLTANTO TE

WORDS BY ANDREA BOCELLI, ED SHEERAN & TIZIANO FERRO
MUSIC BY MATTHEW SHEERAN

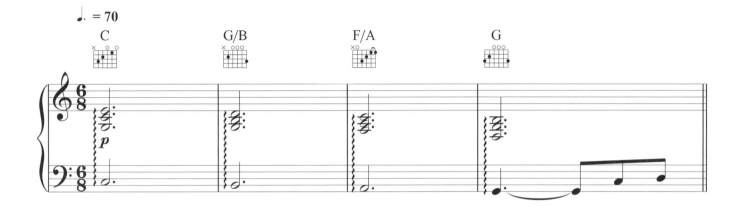

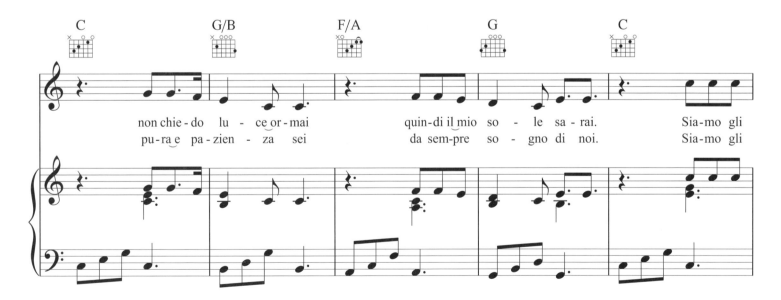

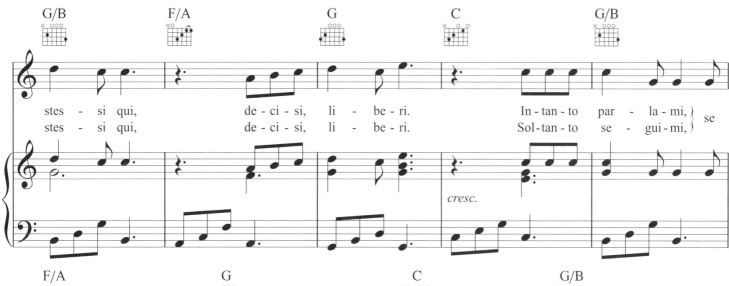

stes - si qui,   de - ci - si, li - be - ri.   In - tan - to par - la - mi, } se
stes - si qui,   de - ci - si, li - be - ri.   Sol - tan - to se - gui - mi, }

cresc.

cer - chi le pa - ro - le, pro - va ti a - - mo_____ an -

f

-co - ra,   dil - lo an - che tu,   non chie - de - rei__ di__ più.

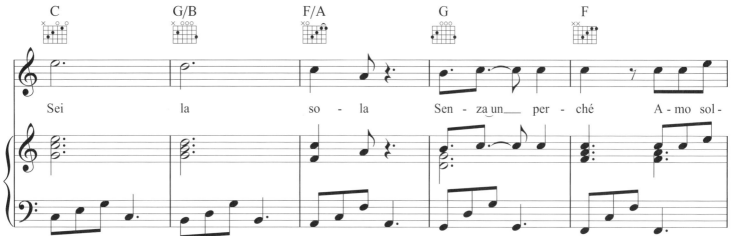

Sei   la   so - la   Sen - za un__ per - ché   A - mo sol-

-tan - to___ te.

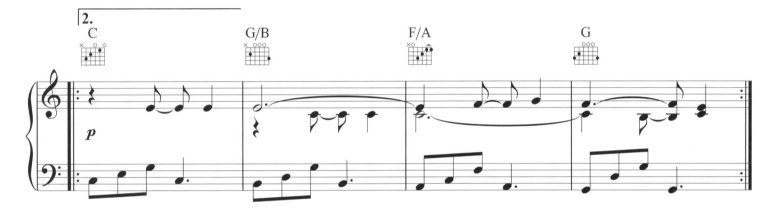

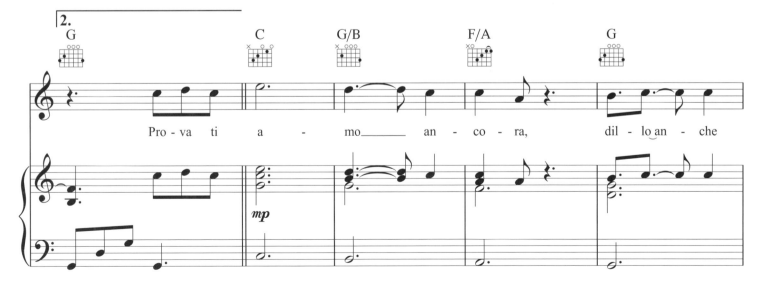

Pro - va ti a - mo___ an - co - ra, dil - lo an - che

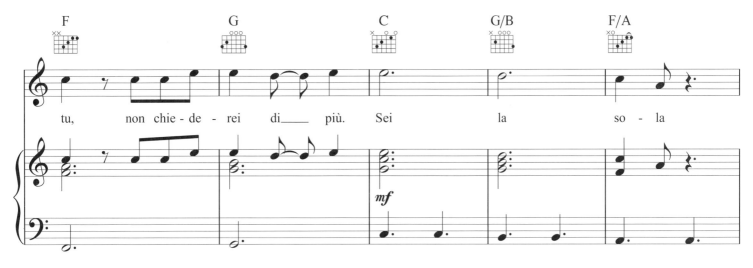

tu,   non chie - de - rei di____ più. Sei   la   so - la

sen - za un____ per - ché   a - mo sol - tan - to____ te.

This is the

on - ly____ time   that I won't be   a - lone.

UN'ANIMA

WORDS BY MARCO GUAZZONE
MUSIC BY ANTHONY McALISTER & RICK BLASKEY

1. Por - to in me tra sab-bia e pol-ve-re un
2. Par - ti-ran - no so - li co-me me pro-

pe-so che non pas - se - rà, va - ghe-rò la - scian-do ce - ne - re e in-
-fe - ti, san - ti, uo - mi - ni, for - te poi un ven - to si al-ze - rà e

-tan-to il tem-po pas - se - rà. Ti cer - che-rò sen-za ar - ren - der-mi, for-se
quel-le or-me can-cel - le - rà. Ti cer - che-rò non mi per - de - rai nel-la

building

* Recorded a semitone higher.

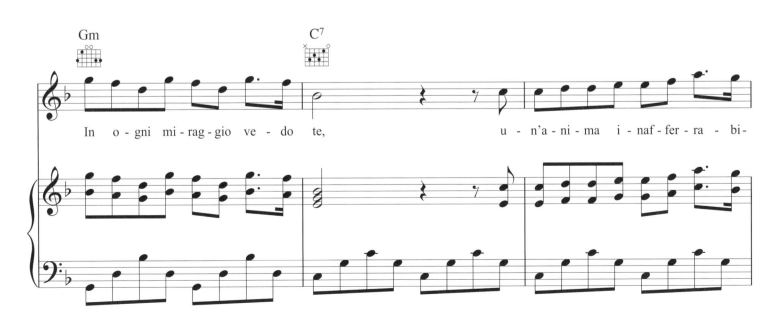

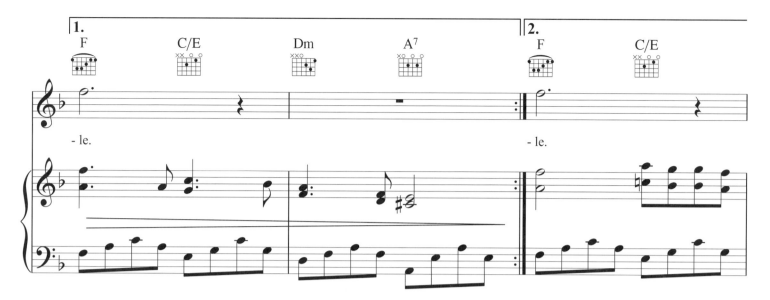

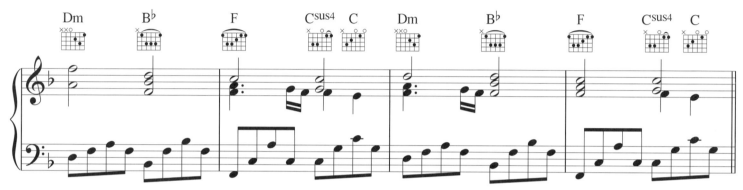

Mi   fer-me-rò   so-lo se   tro-ve-rò   la   cat-te-dra-le nel de-ser-to

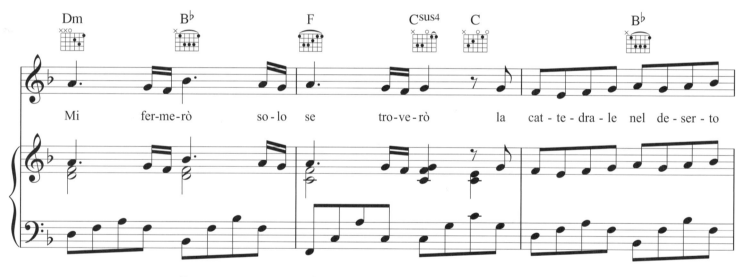

rit.   **a tempo**

do - ve cre-sce un fio-re in-con-tro.   L'om-bra dei miei pas - si   se - gne - rà   la

IF ONLY

WORDS BY LUCIO QUARANTOTTO & SHRIDHAR SOLANKI
MUSIC BY MAURO MALAVASI & FRANCESCO SARTORI

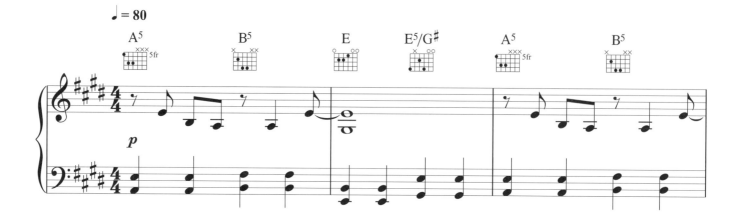

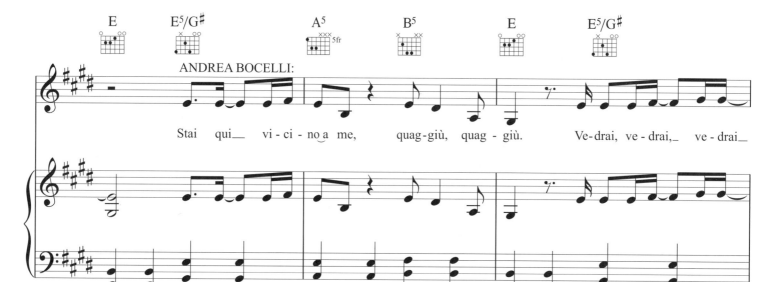

-na'l - ba che io a - spet - to.

If on - ly we could turn back

time, back to the day we said good - bye, may - be your heart would still be

mine, my love, if on - - - ly. DUA LIPA: Don't they say__ when you

heart would still be mine, my love, if on - - ly. An - co - ra

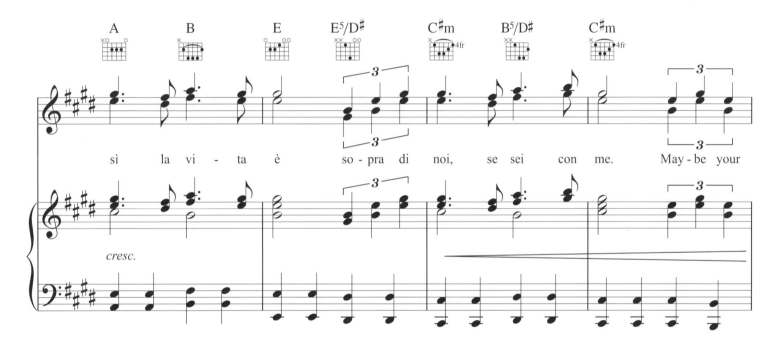

sì la vi - ta è so - pra di noi, se sei con me. May - be your

heart could still be mine, my love, if on - - ly.

23

May-be your

heart   could   still   be   mine,   my   love,   if   on - - - ly.

meno mosso

rit.

Tu che muo-vi il mon-do,   tu che sof-fi for-te il ven-to   e il gra - no.

GLORIA THE GIFT OF LIFE

WORDS & MUSIC BY JONAS MYRIN, ROBERT ALAN EZRIN & ED CASH

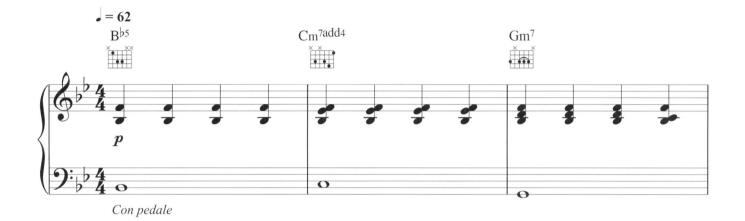

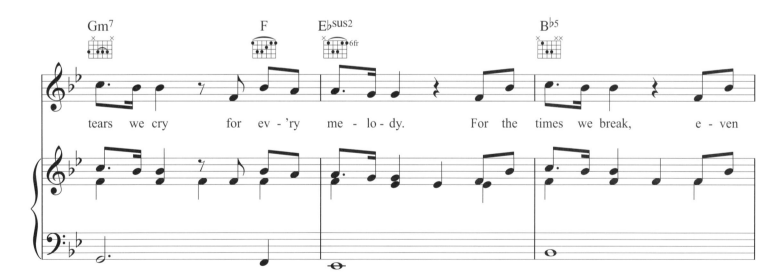

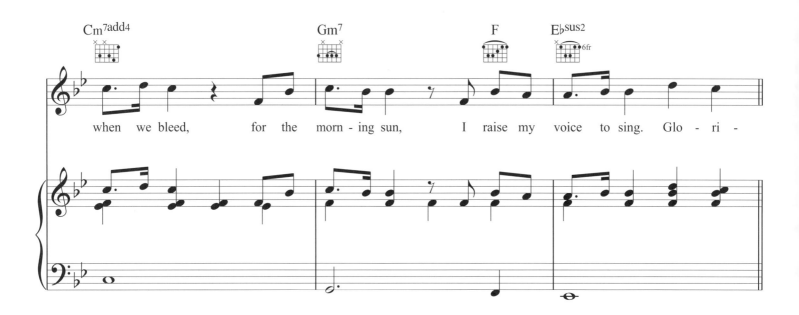

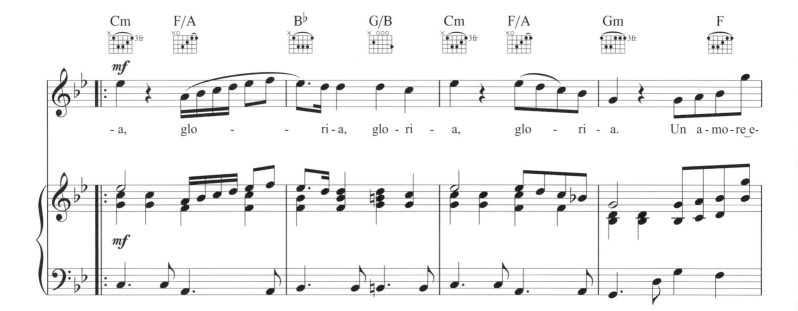

just a child on - ly yes - ter-day and now here we are, here on your

wed - ding day. Like a mil - lion stars____ you light up the sky, you are a

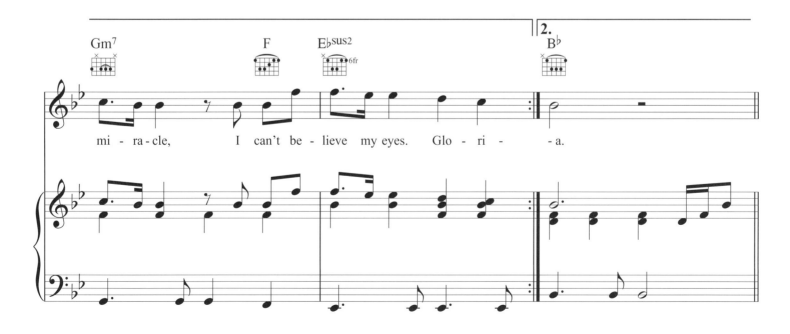

mi - ra - cle, I can't be - lieve my eyes. Glo - ri - - a.

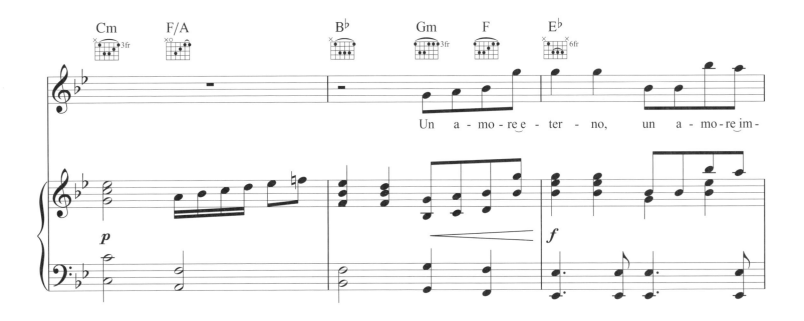

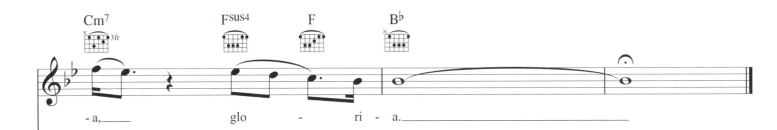

FALL ON ME

WORDS BY FORTUNATO ZAMPAGLIONE, MATTEO BOCELLI, CHAD VACCARINO & IAN AXEL
MUSIC BY IAN AXEL & CHAD VACCARINO

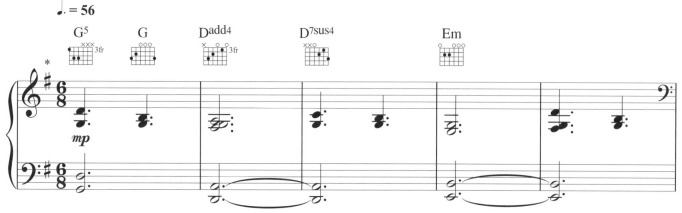

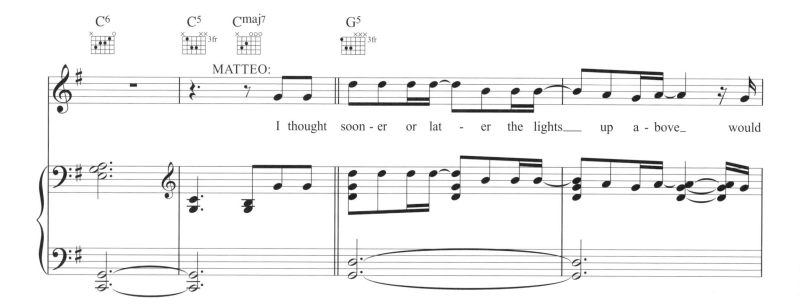

* Recorded a half step lower.

Fall on___ me from where you___ are.___ Fall on___ me
Fall on___ me, ab - brac - cia - mi.___ Fall on___ me,

with all your___ light, with all_____ our light,
fin - ché vor - rai. Fin - ché_____ vor - rai,

To Coda

ANDREA:

with all_____ your light. Pre - sto u - na lu - ce ti
fin - ché_____

lu - mi - ne - rà___ se - gui - la sem - pre, gui - dar - ti sa - prà.___ Tu non ar - ren - der - ti, at -

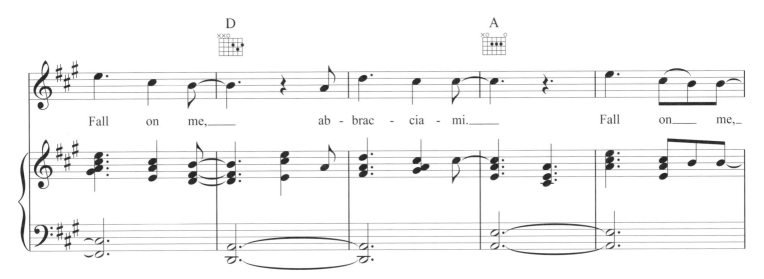

Fall on me,_____ ab - brac - cia - mi._____ Fall on____ me,_

___ with all your___ light, with all_____ your light,

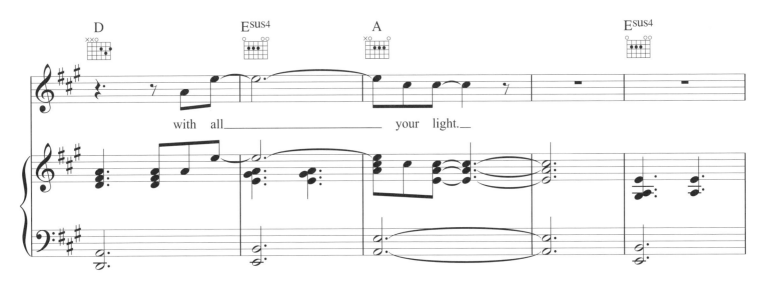

with all_____ your light.__

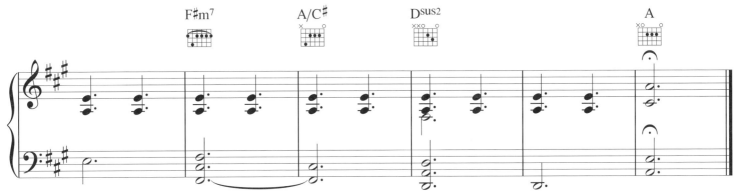

WE WILL MEET ONCE AGAIN

WORDS BY MARCO GUAZZONE & ANDREA BOCELLI
MUSIC BY JOSH GROBAN, TOBY GAD, BERNIE HERMS & JACQUELINE NEMORIN

Vor - rei dir - ti co - sì tan - te co - se ma non

tro - vo le pa - ro - - - le.

Gra - zie per a - ver - mi re - ga - la - to la pa -
Gra - zie per a - ver - mi re - ga - la - to la pa -

-zien - za de - gli e - roi, il co - rag - gio.
-zien - za de - gli dei, il per - do - - no.

37

Vor - rei a - ver - ti sem - pre qui al mio fian - co, so - no
Vor - rei cam - mi - na - re nel si - len - zio al tuo

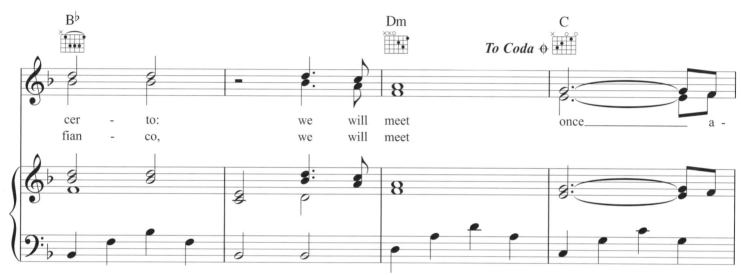

cer - to: we will meet once____ a -
fian - co, we will meet

To Coda ⊕

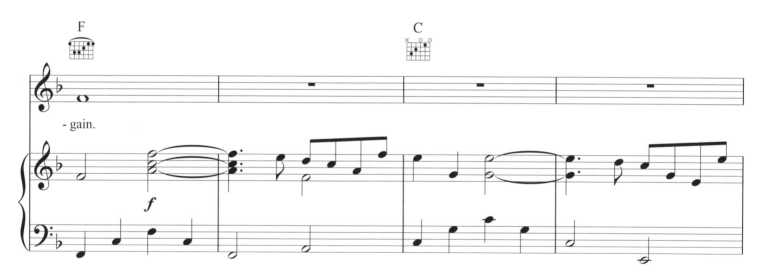

- gain.

f

38

Scu - sa_____ per gli ab-brac-ci un po' bu - giar - di Che ho ca-

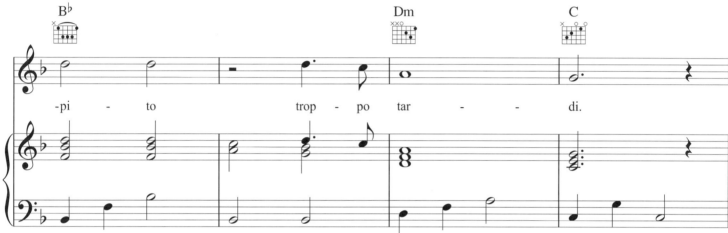

-pi - to trop - po tar - di.

Cer - to,_____ l'e - spe - rien - za non si in - se - gna ma si im-

D.S. al Coda

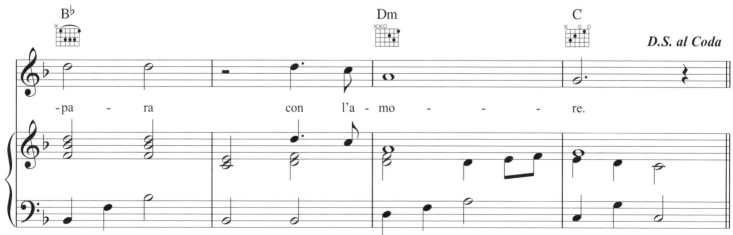

-pa - ra con l'a - mo - - re.

40

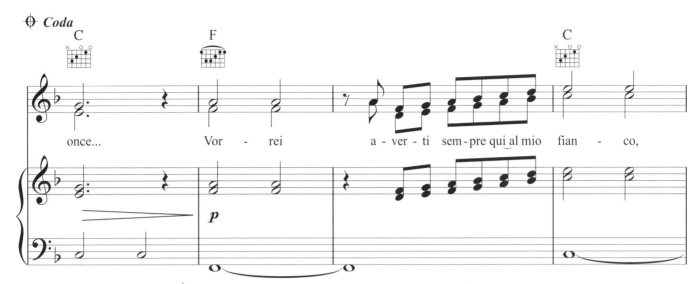

once... Vor - rei a - ver - ti sem - pre qui al mio fian - co,

so - no cer - to: we will meet

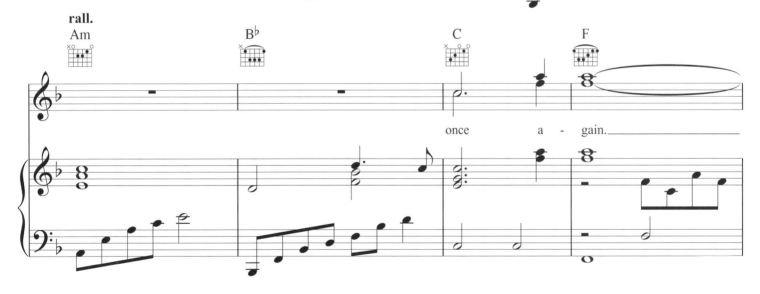

rall.

once a - gain._____

I AM HERE

WORDS BY SHRIDHAR SOLANKI
MUSIC BY PIERPAOLO GUERRINI

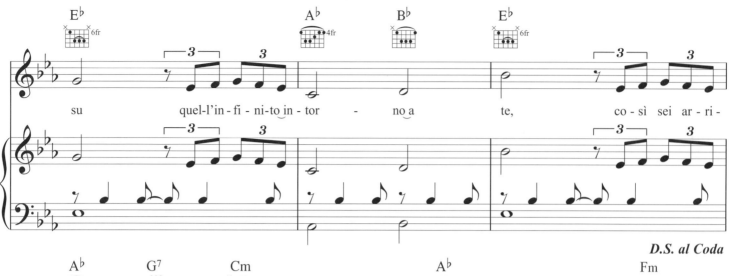

su quel-l'in-fi-ni-to in-tor - no a te, co-sì sei ar-ri-

D.S. al Coda

-va-ta tu e re-sti qui con me, se re-sti qui con me.

I am here with you.

So - no qui con te.

46

VERTIGO

WORDS & MUSIC BY RAFFAELE GUALAZZI

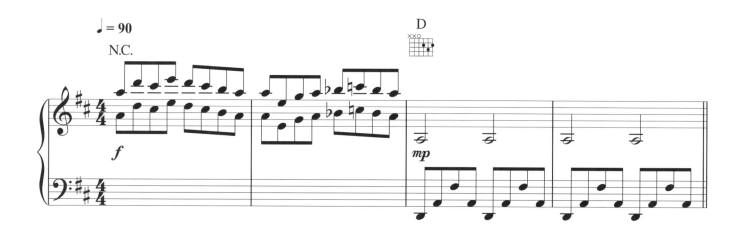

1. Ben-ve-nu-ta Ver-gi-ne del ven-to dol-ce spi-ri-to del cuor che scio-gli l'a-ni-ma dal pian-to e del-lo scem-pio fai splen-dor e sai por-tar-mi ol-tre la vi-ta che vor-rei._____

2. Im-plo-ran-do sa-li-ci gen-ti-li va-glia un tie-pi-do can-do-re, già si in-fran-go-no bef-far-de le on-de un-ci-ne del fer-vo-re nu-de in-si-nua-no nel ge-li-do sen-tir._____

Scen-di don-na li-vi-da e di-stan-te den-tro il tem-pio del mio cuo-re e-span-di l'a-ni-ma can-gian-te in que-sto no-ma-de can-tor e ac-co-gli il mon-do den-tro un tem-po che non c'è._____

Por - gi nel tuo man-to i so - gni che non hai vis - su - to mai,_ le - va-ti in un can - to sco-no -
So - la puoi ten-tar - mi si - no a fin - ge - re di a-ver-ti mia._ Sai che puoi spie - ga-re un vo - lo
Stai cre-scen-do in fon-do a quel - la vo - glia di sen-tir - ti mia._ Stai var-can-do il se-gno ar-den - do

-sciu-to e lì mi in-con-tre - rai._ Da un vor-ti - ce mi spo - glie-rai là do - ve vi - ve per - so il
tra ver-ti - gi - ne e fol - lia._
tra ver-ti - gi - ne e fol - lia._

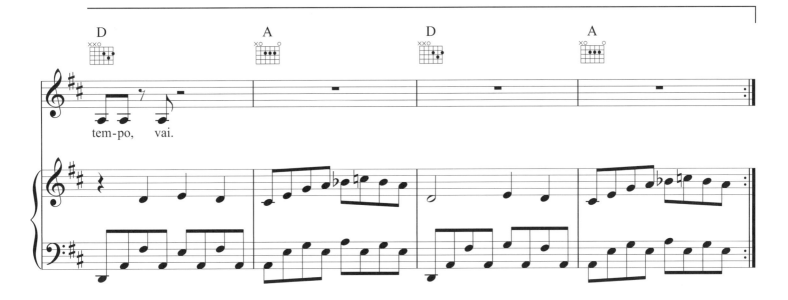

tem-po, vai.

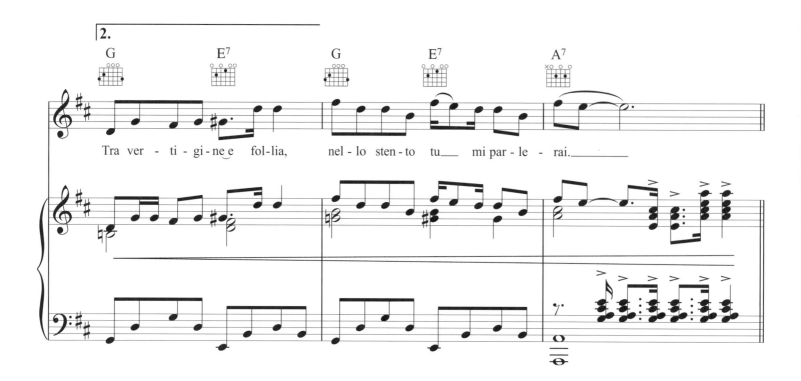

Tra ver - ti - gi - ne e fol - lia, nel - lo sten - to tu___ mi par - le - rai._____

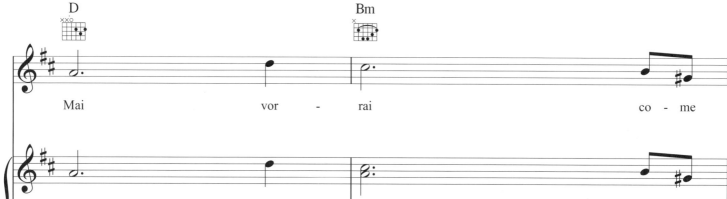

Mai vor - rai co - me

puoi sen - tir,

mai   vor - rai   do - ve
puoi   ca - pir.
Tu   vi - vrai_____ te -
-stan-do - ti,_____ so - gne - rai,_____ vor -

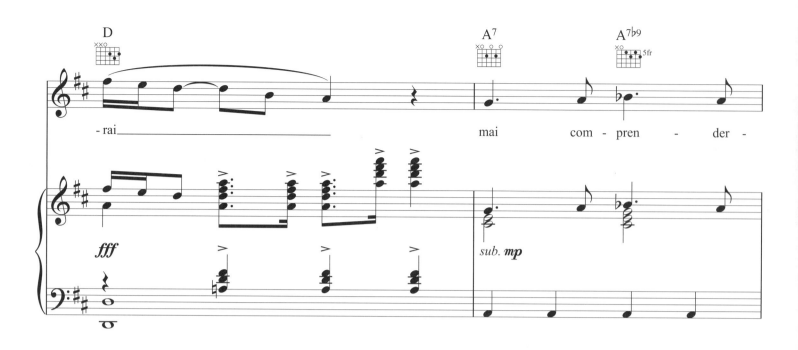

-rai _____ mai com - pren - der -

fff

sub. mp

D.S. al Coda

- mi. _____

Coda

rall.

Tra ver - ti - gi - ne e fol - lia   nel - la ve - ri - tà   mi sal - ve -

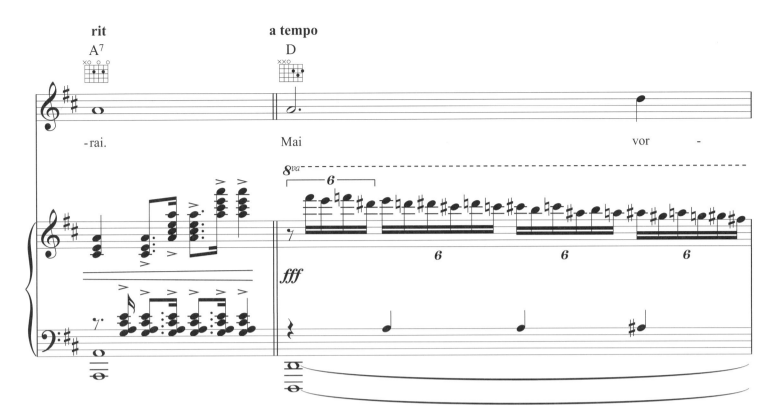

mai   cam - bi - ar_____ co - sì._____

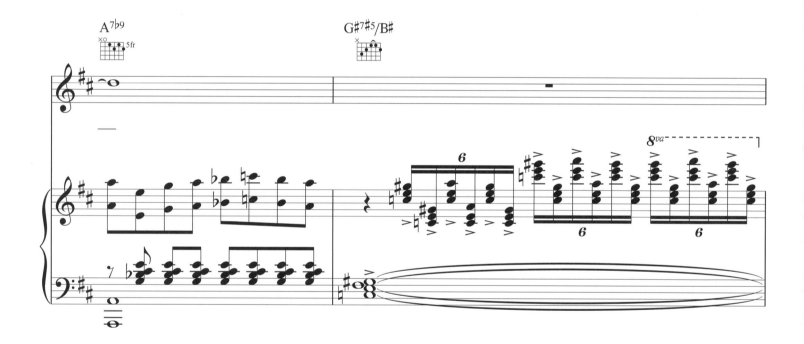

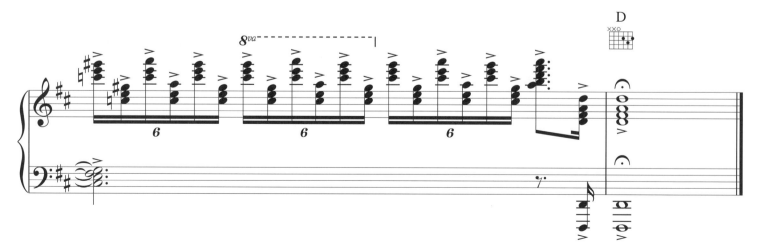

VIVO

WORDS & MUSIC BY RICCARDO DEL TURCO

1. Vi - vo, la mu - si - ca mi can - ta den - tro; il
2. Vi - vo, per quel - lo che ti de - vo vi - vo; tu

bu - io a - des - so più non c'è, sto con
sei spe - cia - le, non ce n'è co - me

te e tut - to si co - lo - ra e mi da -
te; tu sei nel mio de - sti - no, cam - mi - ne -

-rai pra - ti di stel - le
-rò con te ac - can - to

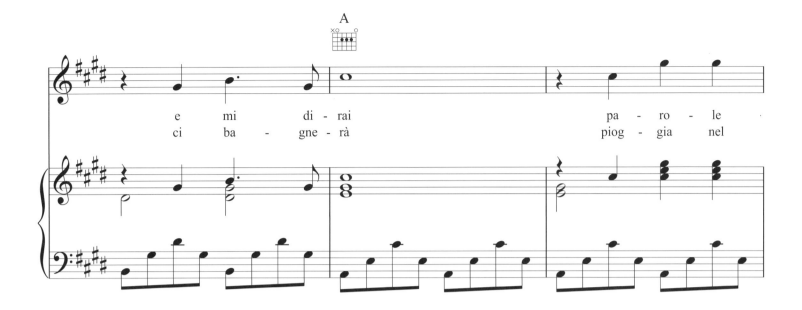

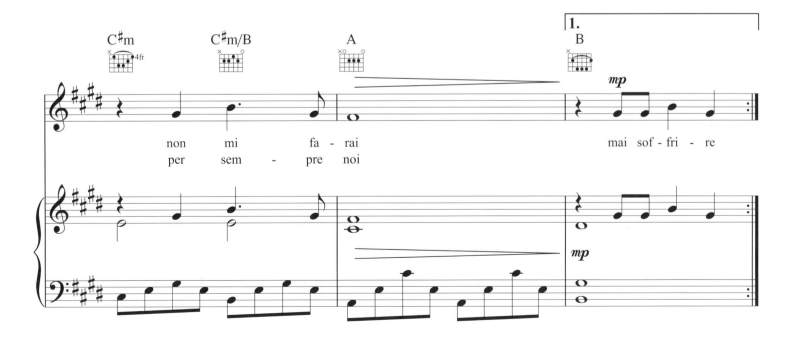

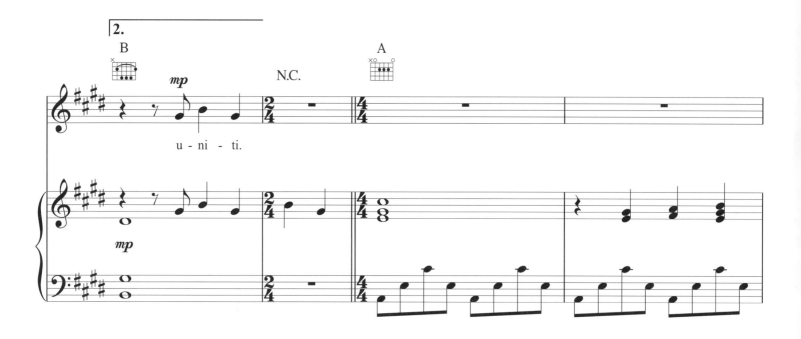

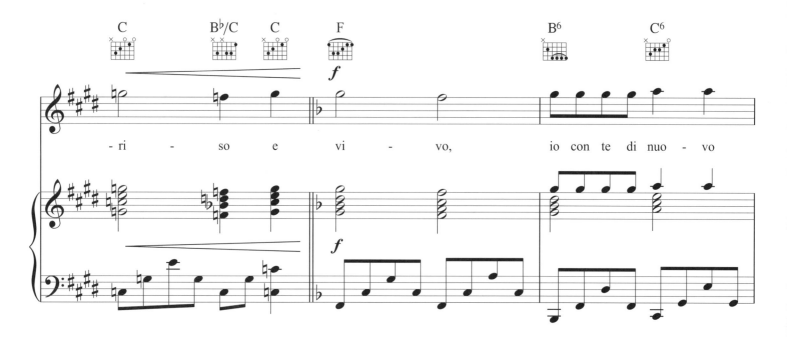

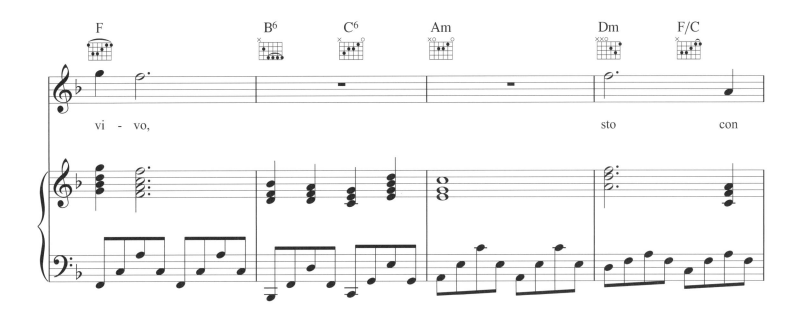

vi - vo,   sto   con

te,_____   con   te   sa - rò al si - cu - ro,   non   po - trò   mo - ri - re

mai   per - ché   fra   le   tue   brac - cia   vi - vo.   Hmm.

DORMI DORMI

WORDS & MUSIC BY MAURO MALAVASI

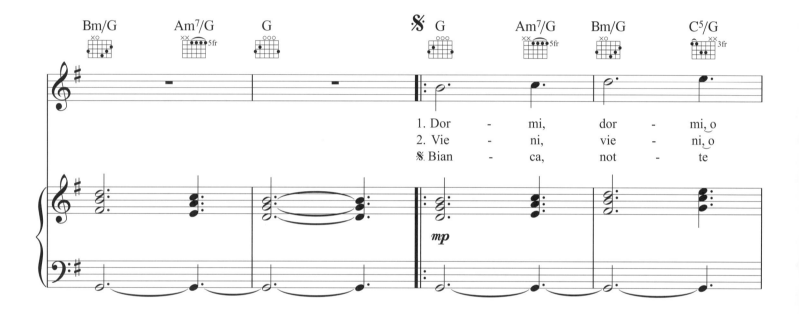

1. Dor - mi, dor - mi, o
2. Vie - ni, vie - ni, o
   Bian - ca, not - te

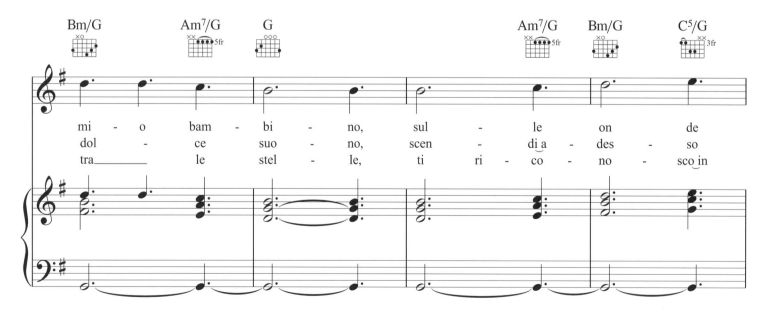

mi - o bam - bi - no, sul - le on - de
dol - ce suo - no, scen - di a - des - so
tra le stel - le, ti ri - co - no - sco in

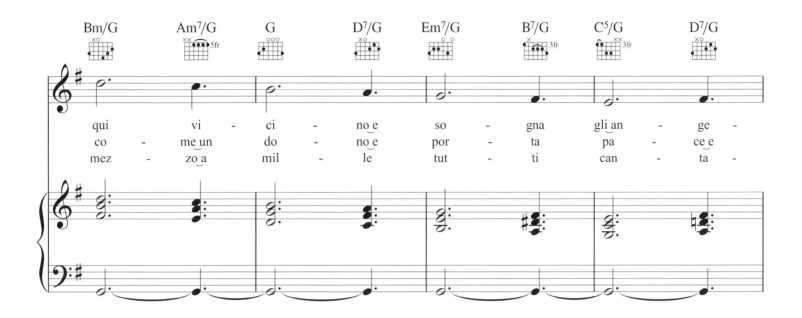

qui vi - ci - no e so - gna gli an - ge -
co - me un do - no e por - ta pa - ce e
mez - zo a mil - le tut - ti can - ta -

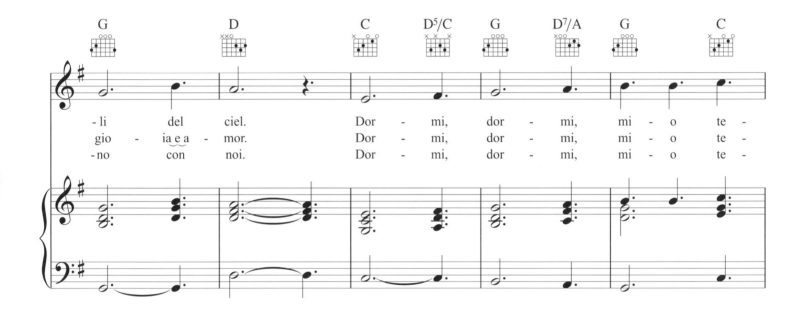

-li del ciel. Dor - mi, dor - mi, mi - o te -
gio - ia e a - mor. Dor - mi, dor - mi, mi - o te -
-no con noi. Dor - mi, dor - mi, mi - o te -

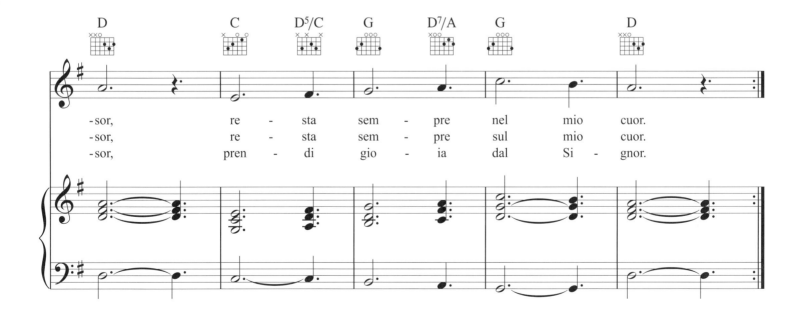

-sor, re - sta sem - pre nel mio cuor.
-sor, re - sta sem - pre sul mio cuor.
-sor, pren - di gio - ia dal Si - gnor.

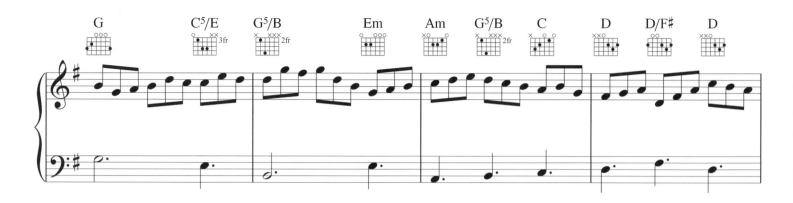

To Coda ⊕

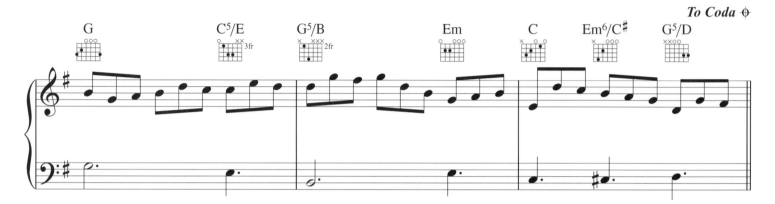

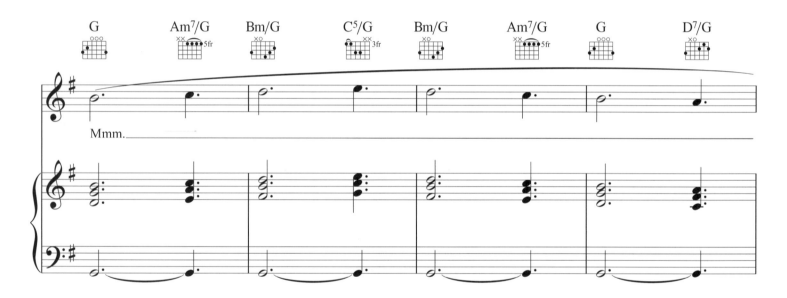

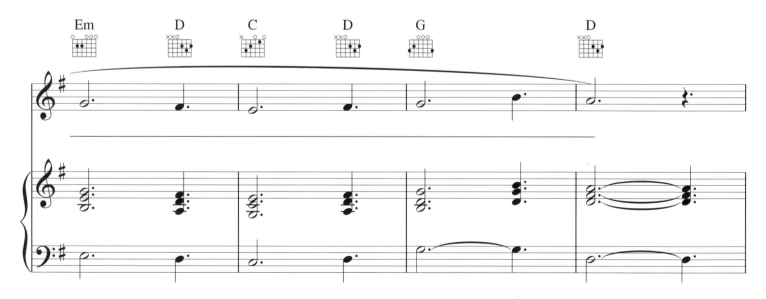

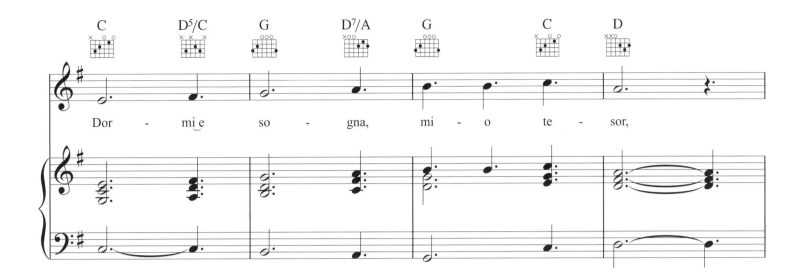

Dor - mi e so - gna, mi - o te - sor,

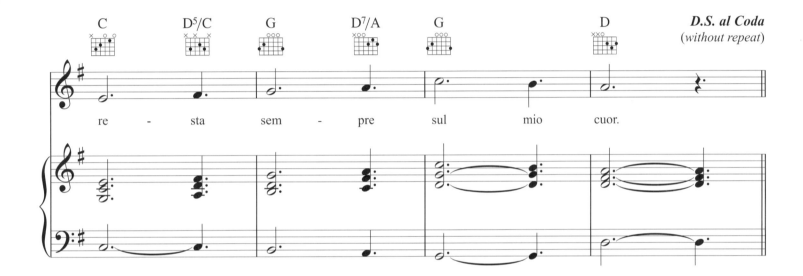

D.S. al Coda
(without repeat)

re - sta sem - pre sul mio cuor.

⊕ *Coda*

poco rall

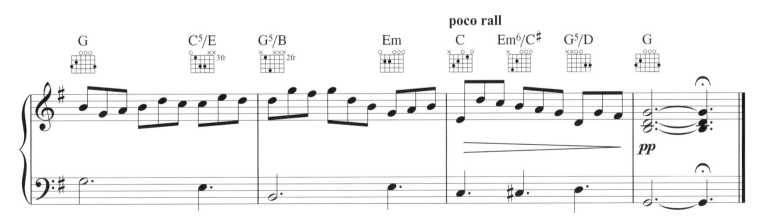

pp

AVE MARIA PIETAS

LITURGICAL LYRICS
MUSIC BY MAURO MALAVASI & DANIEL VULETIC

* Recorded a semitone lower.

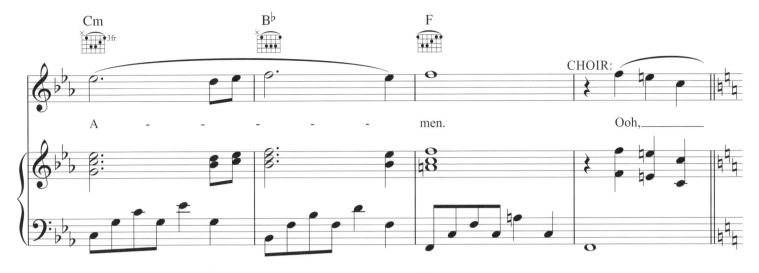

MEDITATION

WORDS BY MAURO MALAVASI & ANDREA BOCELLI

ARRANGEMENT OF *THAÏS* BY JULES MASSENET BY MAURO MALAVASI

Non è

te.

D.S. al Coda

Va,_____ pen-sie-ro, va in li - ber - tà._____

MIELE IMPURO

WORDS BY EMILIO RENTOCCHINI
MUSIC BY FRANCESCO SARTORI

senza te.
2. Anche la luna
E vive solo
ciò che fiorirà,____ sei sul mio corpo pu - ro che non
pe - sa sem-pre un po' di più ac - can - to a me e vi - vo in
te.____

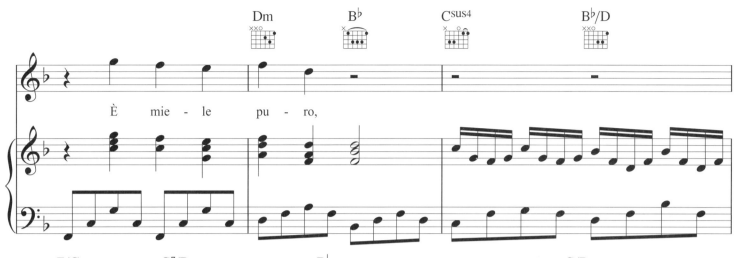

È mie - le pu - ro,

se mi a-mi a-

-mo - re io mi sal - ve - rò,

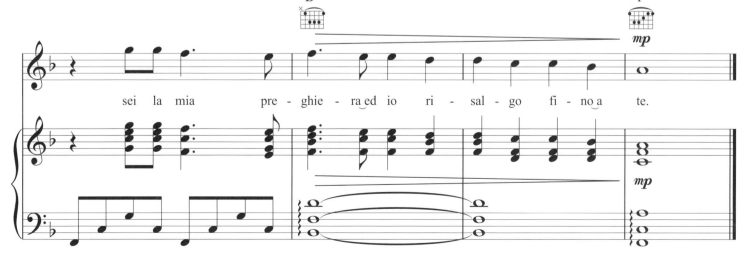

sei la mia pre - ghie - ra ed io ri - sal - go fi - no a te.

APPENDIX

SONO QUI
I AM HERE Italian Version

WORDS BY SHRIDHAR SOLANKI
MUSIC BY PIERPAOLO GUERRINI

Di noi, di noi,
Cosa resterà?
Per noi, per noi
La scia che navighiamo
Per infiniti mondi
Che non ci ricorderemo più
Sono infiniti come noi
Se tu sei qui con me
Se resti qui con me.

I am here
Always by your side.
Apro le mie ali nel silenzio
E ti porto via nel vento
Fino al cielo
I am here with you
Always by your side
Questi anni
Passeranno in fretta,
Ma le stelle
Sono sempre lì nel cielo.

Per noi, per noi
Ricordo non ci bastava mai
La vita, le strade,
La voglia, e poi di nuovo a casa
Da quella stanza gli occhi su
Quell'infinito intorno a te
Così sei arrivata tu
E resti qui con me
Se resti qui con me.

I am here with you
Always by your side.
Sento le tue mani
Che mi stringono
Ti porto via nel vento
Fino al cielo.
I am here with you.

Sono qui con te
Questi anni
Passeranno in fretta,
Ma le stelle
Sono sempre lì nel cielo.
I am here with you.

ALAS DE LIBERTAD

ALI DI LIBERTÀ Spanish Version

WORDS & MUSIC BY DAVIDE ESPOSITO
SPANISH TRANSLATION BY DIEGO MARTINEZ GALINDO

Noche, espléndida noche
Deja caer una estrella,
Deja que enseñe a mis hijos
Que no vi cosa más bella
Que ser tú mismo
Y tener un espíritu puro
Con los dos pies en el suelo
Y mirando al futuro.

Noche, espléndida noche
Dame consejo,
Dime a través de los vientos
Qué es mentira y qué es cierto.
Cuánto coraje me cuesta
Ir tras un espejismo.
Cuánto valor hace falta
Al mirarse uno mismo.

Alas de libertad
Para vivir ahora un día nuevo.
Alas para el alma
Para hacerle frente al universo.
Sobrevolar un mar abierto
Hacia un mañana aún incierto.

Noche que dejas tu puesto
A un nuevo día.
Marcharse es siempre difícil,
No ves la salida.
Cuánta esperanza me cuesta
Volar sin descanso,
Muy lejos de un mundo
Que a todos nos tiene agotados.

Alas de libertad
Para vivir ahora un día nuevo.
Alas para el alma
Para hacerle frente al universo.
Sobrevolar un mar abierto
Hacia un mañana aún incierto.

TÚ ERES MI TESORO

IF ONLY Spanish Version

WORDS BY LUCIO QUARANTOTTO & SHRIDHAR SOLANKI

MUSIC BY MAURO MALAVASI & FRANCESCO SARTORI

SPANISH TRANSLATION BY DIEGO MARTINEZ GALINDO

Quédate aquí cerca,
Aquí, aquí.
Verás, verás, verás,
Lo que eres para mí.
Que tú eres mi tesoro,
Que eres como el alba
Que yo espero.

Te miro y del cielo es,
Si estás aquí, cerca de mí,
La noche se despide ya,
Se va cayendo.

¿Dónde estás? ¿Dónde estás, amor?
Si bailas en el cielo,
Al cielo me escaparé.
Porque eres mi tesoro,
Porque eres como un canto
Que yo bailaré.

Te miro y el cielo está
Sobre los dos, si estás aquí,
La noche se va por allá,
Se va cada vez más.

Yo sé que sí, que el cielo está
Sobre los dos, si estás aquí.
Un cielo donde amarte más,
Hasta el final.

Un cielo para amarte más,
Hasta el final.

Tú mueves el mundo,
Haces que se mueva el viento
Y el trigo.

GLORIA POR LA VIDA

GLORIA THE GIFT OF LIFE Spanish Version

WORDS & MUSIC BY JONAS MYRIN, ROBERT ALAN EZRIN, ED CASH

SPANISH TRANSLATION BY DIEGO MARTINEZ GALINDO

Por la vida en sí,
Por estar aquí,
Por lo que lloré,
Por lo que me reí,
Por lo que sangré,
Para hacerme así,
Por un día más,
Hoy canto por vivir.

Gloria, Gloria,
Gloria, Gloria,
Un amor eterno,
Siempre agradecido.
Gloria, Gloria.

Eras un chaval
Justo antes de ayer
Pero aquí estás:
Hoy casándote
Brillas como el sol,
Con la misma luz,
Es algo mágico,
Es algo celestial.

Gloria, Gloria,
Gloria, Gloria,
Un amor eterno,
Siempre agradecido.
Gloria, Gloria.

(Aleluya, Aleluya)
(Un amor eterno)
Gloria (Aleluya)
Gloria (Aleluya, un amor eterno)
Gloria
Gloria (Aleluya)
Gloria (Aleluya)
Gloria (un amor eterno)
Gloria.

Un amor eterno,
Un amor inmenso,
Gloria, Gloria,
Gloria, Gloria.

VEN A MÍ

FALL ON ME Spanish Version

WORDS BY FORTUNATO ZAMPAGLIONE, MATTEO BOCELLI, CHAD VACCARINO & IAN AXEL

MUSIC BY IAN AXEL & CHAD VACCARINO

SPANISH TRANSLATION BY DIEGO MARTINEZ GALINDO

Yo pensaba que algo podría pasar,
Las luces del cielo me hicieron soñar,
Me siento perdido, no sé qué hacer,
Te espero y se pasa mi tiempo
Y no me hace bien.
Ven sin permiso a mi corazón,
Rómpeme entero, hazme mejor
Que sigo dispuesto a amarte sin fin
Pero a cada paso que doy,
Más te alejas tú.

Ven a mí,
Escúchame.
Ven a mí,
Abrázame.
Ven a mí,
Si quieres tú,
Si quieres tú,
Si quieres tú.

Una luz bella te iluminará,
Síguela siempre y te guiará,
Nunca te rindas, no
Nunca te pierdas, no
Todo tendrá su sentido después
Quiero que solo tú creas en ti,
En cada paso que des, cree en ti,
Es un viaje eterno, yo sonreiré,
Si me llevas contigo a volar otra vez.

Ven a mí,
Escúchame.
Ven a mí,
Abrázame.
Ven a mí,
Si quieres tú,
Si quieres tú,
Si quieres tú,
Si quieres tú.

Te puedo ver
Aunque cierre mis ojos, te ven,
Estás aquí,
Te respiro una y otra vez
Desde allí donde estés.

Ven a mí,
Escúchame.
Ven a mí,
Abrázame.
Ven a mí,
Ven con tu luz,
Ven con tu luz,
Ven con tu luz.

ESTOY AQUÍ

I AM HERE Spanish Version

WORDS BY SHRIDHAR SOLANKI

MUSIC BY PIERPAOLO GUERRINI

SPANISH TRANSLATION BY DIEGO MARTINEZ GALINDO

De ti, de mí,
¿Qué se quedará?
De ti, de mí.
La estela que dejamos
Por infinitos mundos
Que ya no recordaremos más
Son infinitos como el sol
Si te quedas aquí,
Si te quedas aquí.

Estoy contigo aquí,
Te respiro y soy.
Abro fuerte mis alas al viento
Y volamos juntos, libres
Hacia el cielo.
Estoy contigo aquí,
Abracémonos
Que la vida pasa muy deprisa,
Mas después seremos luces
En el cielo.

De ti, de mí,
Recuerdos que no nos bastarán,
La vida, sus cosas,
Las ganas, y otra vez a casa
En esta gris habitación,
El infinito alrededor
Así es como has llegado tú.
Si te quedas aquí,
Si te quedas aquí.

Estoy contigo aquí
Cerca de tu piel,
Siento que tus manos
Me acarician
Y volamos juntos, libres
Hacia el cielo.
Estoy contigo aquí,
Estoy contigo aquí.

Que la vida pasa muy deprisa
Mas después seremos luces
En el cielo,
Estoy contigo aquí.

VIVO OTRA VEZ CONTIGO

VIVO Spanish Version

WORDS & MUSIC BY RICCARDO DEL TURCO

SPANISH TRANSLATION BY DIEGO MARTINEZ GALINDO

Vivo,
Otra vez contigo vivo
El norte de mi vida tú,
Eres tú
Mi único camino.

Vivo,
Me oigo música por dentro
Y de la oscuridad no sé,
Estás aquí
Y todo es de colores.

Y me darás
Campos de estrellas,
Y me darás
Palabras nuevas,
Palabras eternas
De puro amor
Nunca cambies.

Vivo,
Estás aquí a mi lado
Y vivo,
Y nadie más lo sabe hacer,
Sólo tú
Eres mi destino.

Caminaré
Contigo al lado
Y nos caerá
Un aguacero.
Muy lejos del mundo,
Y tú y yo
Siempre unidos.

Despertaré
Con tu sonrisa.

Yo vivo,
Otra vez contigo vivo,
Estás aquí,
Contigo estoy seguro,
No podría morir jamás
Porque estoy en tus brazos
Vivo.

DUERME DUERME

DORMI DORMI Spanish Version

WORDS & MUSIC BY MAURO MALAVASI

SPANISH TRANSLATION BY DIEGO MARTINEZ GALINDO

Duerme, duerme, o niño mío
Que las olas sean testigo
Y sueña ángeles del cielo.
Duerme, duerme, mi tesoro
Siempre tú en mi corazón.

Baja el buen canto del cielo,
Baja ahora como un don
Y trae paz y gozo y amor.
Duerme, duerme, mi tesoro
Siempre tú en mi corazón.

Duerme y sueña, mi tesoro
Siempre tú en mi corazón.
Blanca noche entre estrellas
Te reconozco entre un millón.
Y todos cantan con nosotros
Duerme, duerme, mi tesoro
Toma el canto del Señor.

UN RÊVE DE LIBERTÉ

ALI DI LIBERTÀ French Version

WORDS & MUSIC BY DAVIDE ESPOSITO

FRENCH TRANSLATION BY FRANÇOIS WELGRYM

Dans cette nuit si sublime, je veux voir passer l'étoile
Celle qui raconte à nos fils qu'il n'y a qu'un idéal
Celui de rester sincere et garder l'esprit pur
Les pieds plantés dans la terre, les yeux vers le futur.

Dans cette nuit si sublime, je cherche des conseils
Un souffle léger du vent, u-ne voix qui m'appelle
Comment trouver le courage de suivre ce mirage
Pour un cœur comme égaré devant le beau voyage.

Ce rêve de liberté
Pour vivre grand le jour qui va arriver
Des ailes à ma portée
Pour s'ouvrir à la vie qui nous est donnée
Et survoler dans un ciel serein
Cet avenir toujours incertain.

Com-me la nuit laissant place à la lumière du jour
J'aim'rais savoir m'échapper sans penser au retour
Ai-je encore assez d'espoir pour tenter le voyage
Loin de ce monde qui parfois nous retient en otage.

Ce rêve de liberté
Pour vivre grand le jour qui va arriver
Des ailes à ma portée
Pour s'ouvrir à la vie qui nous est donnée
Et survoler dans un ciel serein
Cet avenir toujours incertain.